L'EXAMEN PRÉALABLE

DES

INVENTIONS

PAR

Alexandre PILENCO

ATTACHÉ A L'UNIVERSITÉ IMPÉRIALE DE SAINT-PÉTERSBOURG

PARIS

A. PEDONE, ÉDITEUR

LIBRAIRE DE LA COUR D'APPEL ET DE L'ORDRE DES AVOCATS

13, Rue Soufflot, 13

1898

L'EXAMEN PRÉALABLE DES INVENTIONS

PAR

Alexandre **PILENCO**

ATTACHÉ A L'UNIVERSITÉ IMPÉRIALE DE SAINT-PÉTERSBOURG

La question de l'examen préalable des inventions est portée à l'ordre du jour du prochain congrès international, qui se réunira à Londres le 1er juin prochain sous le patronage de l'Association internationale de la propriété industrielle. Il faut donc s'attendre à une nouvelle discussion sur cette question entre les partisans et les adversaires de l'examen préalable des inventions, qui a déjà occupé trois grands congrès et provoqué une dizaine d'enquêtes officielles.

Nous ne pouvons pas prédire ici quels seront les arguments employés par les champions des deux camps; nous n'avons pas non plus la prétention de fournir des aperçus originaux, des points nouveaux à l'appui d'un système ou d'un autre : les intéressés sont seuls capables d'apprécier ces questions éminemment pratiques.

Nous voulons faire un travail *purement négatif*. Sans indiquer quel est le meilleur système, quels sont les arguments les plus puissants en sa faveur et comment il faut combattre ses adversaires, — nous voudrions démontrer quels sont les arguments qu'il *ne faut pas* employer dans le débat, quelles sont les conclusions qu'il *ne faut pas* tirer de certaines prémisses établies, comment on *ne doit pas* combattre ses adversaires. Un exemple tout à fait exagéré nous aidera à préciser notre pensée.

Un auteur français commence sa critique de l'examen préalable par l'observation suivante (1) : « Toutes ces stupidités m'agacent, m'irritent ; j'ai hâte d'en finir avec elles ; j'éprouve les titillations nerveuses qui vous agitent les doigts quand vous avez envie de donner un soufflet à quelqu'un ».

Il est évident que « les titillations nerveuses qui agitent les doigts » sont une phrase tout à fait malheureuse et non scientifique.

Naturellement, de telles bévues, explicables seulement par la fougue juvénile d'un publiciste de talent, sont rares ; mais il suffit d'étudier avec quelque attention les annales de la question, pour voir comment certains arguments reviennent dans chaque discussion avec une monotonie désespérante, sans avoir aucune valeur scientifique supérieure à celle des titillations. Un auteur allemand prétend que, dans les pays du non-examen préalable (2), le gouvernement se fait « le *complice* d'un déposant de mauvaise foi », et il ajoute : « C'est une *monstruosité* qui n'a d'égal dans aucune autre institution politique. » Un écrivain de grand talent, professeur en Autriche (3), prétend que le non-examen préalable est *immoral*. Un avocat (4) caractérise l'examen préalable comme la « possibilité légale de *dévaliser* l'inventeur ».

---

(1) Yves Guyot, *L'inventeur*, Paris, 1867, p. 375.

(2) L. Nolte, *Die Reform des deutschen Patentrechts*, Tübingen, 1890, p. 30. Mêmes expressions chez Schuloff, *Bericht über den*

Antrag Loewe, Wien, 1882, p. 13.

(3) Schuloff, *ibidem*, p. 12.

(4) J. Brunstein, *Zur Reform des Erfinderrechts*, Wien 1885, p. 31.

Des arguments semblables sont trop souvent employés par les deux camps, sans utilité quelconque pour l'éclaircissement de la question. Le mal ne serait pas grand si ces arguments « inutiles » l'étaient tous d'une manière aussi évidente que ceux que nous venons de citer. Mais il en est d'autres, dont il est beaucoup plus difficile de démontrer l'inanité intrinsèque, qui obscurcissent les débats, et qu'il convient d'éliminer une fois pour toutes.

Si nous prenons, par exemple, un des plus récents ouvrages français publiés sur les brevets d'inventions, et si nous parcourons les pages que son auteur consacre à la critique de l'examen préalable, nous remarquerons que les arguments résumés par M. Mainié (5), sont au fond ceux qui sont exposés dans le traité de M. Pouillet. M. Pouillet ne dit pas autre chose que ce qu'ont déjà dit Renouard et Blanc ; ces deux derniers reproduisent l'exposé des motifs de la loi française de 1844 ; enfin, Dupin emploie absolument les mêmes arguments que le chevalier de Boufflers en 1791.

Loin de nous la pensée d'en faire à quiconque un reproche ; mais il nous sera bien permis de constater l'*immobilité* de la doctrine française en cette matière : au seuil du XX⁰ siècle, elle combat l'examen préalable absolument par les mêmes arguments qu'au XVIII⁰ siècle : M. Pouillet signerait volontiers la partie correspondante du rapport de Boufflers. Et *vice versa*, si nous ouvrons un livre édité en Hollande il y a cinquante ans, nous y trouverons, en beau latin, un résumé des objections de M. Mainié (6) : « *Civibus ipsis consumentibus examen illud est relinquendum. Aliorum judicium non est petendum in rebus, de quibus plerumque ab iis judicari nequeat. Quid refert an inventio sit bona aut mala, an*

revera sit nova, an vetus? Haudquaquam initio suffocanda est inventio vel emendatio ; judicium quidem differendum est, donec inventionis vel emendationis cogitata prorsus sunt illustrata. Denique, privilegia inutilia exiguum tantum afferunt damnum. » Ou plus loin : « *instituendo praevio examine, auctoritatis judiciariae attributa ad administrativam transferri auctoritatem.* »

Il faut reconnaître que M. Pouillet ne dit pas autre chose.

On peut donc dire *a priori* que les développements de M. Mainié ne peuvent pas appartenir tous à la catégorie des arguments utiles et scientifiques. En effet, l'examen préalable, tel que nous le propose par exemple la nouvelle doctrine allemande, n'a presque rien de commun avec l'examen préalable du XVIII⁰ siècle. Pendant les cent dernières années une évolution immense s'est faite dans ce sens : on désigne actuellement par *examen préalable* quelque chose qui n'est pas du tout l'examen préalable du commencement de ce siècle. Pour combattre utilement l'examen préalable moderne il faut nécessairement employer des arguments autres que ceux du chevalier de Boufflers. Un auteur qui répète Boufflers doit nécessairement dire des choses en dehors de la question.

Nous allons donc examiner tout d'abord quelques arguments qui nous paraissent « inutiles » pour toutes les époques et sous tous les cieux. Nous étudierons ensuite les arguments qui sont devenus inutiles grâce à l'évolution historique des idées sur l'examen préalable.

I

L'examen préalable, nous dit-on, par exemple, doit mener nécessairement au *favoritisme* et à une *partialité intéressée* (7). M. Pouillet a prononcé tout un

---

(5) F. Mainié, *Nouveau traité*, etc. Paris, 1896, I, pp. 290-292.

(6) J. van Delden, *Dissertatio politico-œconomica de privilegiis etc.*, Daventriae, 1843, p. 54. L'auteur est *partisan* de l'examen préalable. Dans l'endroit cité, il expose la doctrine de ses adversaires.

(7) Par ex. : Mainié, *ibidem*, I, p. 291 ; Cotarelli, *Le privative industriali*, p. LXXXII, etc.

discours au Congrès de 1878 (8), pour exposer que la plupart des examinateurs aux Etats-Unis sont achetés par les grandes maisons industrielles. « Il est, — a-t-il dit, — de notoriété publique aux Etats-Unis qu'il y a, parmi les examinateurs, des hommes qui sont comme à la dévotion, au service de certains industriels. » — « Je ne crains pas d'être démenti », ajoutait l'éminent avocat.

Nous ne savons pas si tel était l'état de choses au *Patent-Office* américain en 1878 ; nous ne savons pas davantage ce qui s'y passe actuellement ; nous ferons seulement remarquer que nous n'avons pas besoin de le savoir. Il n'y a aucune relation entre l'examen préalable et la question de savoir s'il y a des voleurs en Amérique. La chose nous semble peu probable dans un pays de grande publicité ; mais, fût-elle vraie, elle ne prouverait absolument rien. La corruption est possible partout. Le favoritisme existe dans des affaires autrement graves que celles relatives aux brevets. Mais tout ceci ne peut servir de base à une discussion sérieuse.

Les arguments de ce genre sont très nombreux : nous pouvons les traiter tous ensemble. On en trouve ordinairement beaucoup dans les écrits des auteurs *trop* convaincus.

Il y a, en effet, des auteurs qui sont trop persuadés, pour conserver intacte la faculté de discuter. « L'examen préalable, nous dit l'un d'eux, est l'erreur : son absence, la vérité ; par conséquent, il n'y a rien à discuter, ni à céder à l'opinion contraire : une transaction entre l'erreur et la vérité se fait toujours au détriment de cette dernière. »

Cette « surabondance de conviction » est très répandue. Il y a des auteurs qui ne discutent pas la question de l'examen préalable, mais qui l'anéantissent. Les Italiens excellent dans cette manière d'écrire leurs études (9).

Un auteur, appartenant à cette école, divise son chapitre en plusieurs sections, dans lesquelles il accumule les affirmations les plus énergiques contre l'examen préalable, en réservant les plus terrifiantes pour la fin. On lit alors que l'examen préalable est nuisible à l'industrie, au public, à l'inventeur ; qu'il est coûteux, anti-libéral et incompatible avec l'organisation moderne de l'Etat ; qu'il est contraire à la division des pouvoirs ; qu'il favorise la réclame ; qu'il est injuste, plein d'erreurs, inutile, dangereux et, par dessus tout : *irréalisable* !

Qui veut trop prouver, ne prouve rien. Les deux systèmes ont fonctionné régulièrement : l'un pendant plus de cent ans, l'autre un peu moins longtemps ; l'un et l'autre ont été adoptés par les législations de pays importants ; tous deux comptent parmi leurs partisans les plus grands juristes de notre siècle. Il ne s'agit donc nullement de prouver l'impossibilité ou la stupidité de l'un des deux systèmes opposés : poursuivre un tel but c'est se condamner à la stérilité la plus désolante. Pour faire quelque chose d'utile, il faut réduire la controverse aux limites modestes qui lui sont propres, et dire, avec Carpmael (10), qu'il s'agit d'un *plus* et d'un *moins*, et, de chercher ce qui offre un peu plus d'avantages et un peu moins d'inconvénients.

II

En dehors des simples exagérations, il est une autre série curieuse d'arguments inutiles. Ce sont notamment ceux qui peuvent être employés indistinctement pour et contre chacun des deux systèmes.

---

(8) Séance du 9 septembre 1878, *Comptes-rendus*, p. 190. — Cp. *Ueber die Einführung des Schutzes der Erfindungen etc.*, Zurich, 1886, 4º, p. 56 : « Wir wünschen kein Vorpüfungsverfahren ; *denn* wenn das Gesetz eingeführt werden will, soll keine Parteilichkeit möglich sein » ! Ce *denn* est admirable.

(9) Cp. par ex. : Cotarelli, *loc. cit.*, p. LXXIX et ss.

(10) La question « involves the striking of a balance between advantages and disadvantages, good results and evil results ». Carpmael, *Transactions of the Institute of Patent Agents*, XI, p. 185.

A l'aide d'une phrase bien sonore l'on annonce qu'elle « forme un point nouveau à l'appui de notre système », sans savoir que la même phrase a servi de point d'appui à la partie adverse. On pourrait écrire des chapitres entiers sur ces arguments à double portée ; nous choisissons ici les plus caractéristiques.

**

Lequel des deux systèmes favorise les brevets-réclames ? — La plupart des membres de la commission impériale allemande de 1876 s'est prononcée pour l'examen préalable parce que le système opposé semblait trop indulgent pour les *Scheinpatente*, les brevets fictifs ne servant qu'à la réclame. Les Autrichiens (11) se sont décidés pour le même système, surtout pour mettre un frein aux brevets intentionnellement nuls.

Lors de la discussion de la loi française de 1844, M. Labaume (12) a confirmé le fait en ces termes : « Malgré la loi de 1791, qui dit au public depuis cinquante ans qu'un brevet ne préjuge pas l'utilité et le mérite d'une découverte, tout industriel attache un grand prix à pouvoir annoncer que son industrie est brevetée, et le public... se fie aveuglément au mérite des inventions brevetées. »

On proposait alors de remplacer le mot *brevet* par les expressions *patente* (M. Grandin) ou *brevet sans garantie* (Arago) comme prêtant moins à réclame (13). Le législateur français, dans l'article 33 de la loi du 5 juillet 1844 n'en a pas moins reconnu la possibilité d'employer les brevets dans un but de réclame. Or, nous pouvons lire chez tous les adversaires de l'examen préalable que c'est au contraire, celui-ci qui prête à la réclame (14). On affirme notamment que le triage, auquel sont soumises les inventions, suscite l'idée d'approbation gouvernementale, et on « prouve » ainsi que le non-examen préalable seul « enlève au charlatanisme le prestige qu'il pourrait chercher dans l'obtention d'un brevet » (15).

On oublie ainsi que le propre du brevet est de favoriser la réclame, et l'on impute chacun à la théorie adverse, ce qui est presque indépendant de la question des systèmes.

**

Lequel des deux systèmes est plus favorable aux inventeurs indigents ? — D'un côté, on affirme que l'examen préalable nécessite une organisation compliquée et très coûteuse d'un *Patentamt* spécial, que les frais d'examen doivent être couverts par les taxes et que, en dernier ressort, les taxes sont payées par les inventeurs. Tout l'appareil nécessité par l'examen, avec les dizaines d'examinateurs et d'employés, avec les instances multiples et la procédure compliquée, serait par conséquent défrayé par les inventeurs, qu'ils soient riches ou pauvres. On ajoute aussi que l'examen lui-même, avec les objections inattendues des examinateurs, nécessite des frais élevés, nécessaires pour motiver les répliques (16) : « Pourquoi obliger l'inventeur qui habite loin de la capitale à faire des frais et des démarches pour examiner ce qu'il doit faire à la suite de l'avis... qu'il aura reçu ? »

De l'autre camp, on répond qu'il n'y a pas de moyen moins coûteux de s'assurer de la nouveauté d'une invention que de déposer une demande de brevet aux Etats-Unis ou en Allemagne (17). Aucun agent de brevet ne ferait les recherches aussi consciencieusement et aussi bon marché, que le *Patent office* américain. Lors de la Conférence allemande de 1891

---

(11) Schuloff, *loc. cit.*, p. 20.
(12) *Moniteur officiel*, Chambre des députés, séance du 10 avril 1844, p. 907.
(13) On sait que M. Pouillet propose le terme « certificat de dépôt ».
(14) Cp. F. Cotarelli, *op. cit.*, p. LXXXII.
(15) Rendu, n° 109. — Voir dans le même

sens M. Pouillet à la séance du 9 septembre 1878, *Comptes rendus*, p. 191 et plusieurs autres.
(16) Casalonga, séance du 7 août 1889, *Comptes rendus* du Congrès de 1889, p. 32.
(17) Comp. Alexander, séance du 9 septembre 1878, *Comptes rendus*, 199.

le représentant des aciéries Krupp, M. v. Schütz (18), a annoncé que l'examen allemand avait épargné au Grusonwverk de grosses dépenses qu'auraient autrement nécessitées les recherches indispensables. La même thèse a été défendue par M. Erhard (19), qui s'est placé au point de vue de la petite industrie de Nuremberg.

*
* *

Le système en cause réalise une économie de travail. — Cette assertion a été faite tantôt au profit de l'examen préalable, tantôt au profit du système opposé. Les partisans du non-examen affirment, par exemple, que la disposition relative au payement annuel des taxes effectue le même triage que les meilleurs examinateurs. L'intérêt propre de l'inventeur conseille à ce dernier de laisser déchoir les brevets qui n'ont pas de valeur pour manque de nouveauté. Au bout de quelques années, nous dit M. E. Barrault (20), il ne reste en France que le même nombre relatif de brevets que celui qu'on obtient aux Etats-Unis en dépensant tant de travail. « Le jeu naturel de l'intérêt social et de l'intérêt personnel se fait sentir avec une puissance qui croît avec le nombre des années écoulées. » De plus, grâce à cette élimination naturelle, on obtient la possibilité de ne soumettre à une expertise détaillée que ceux des brevets qui donnent lieu à un procès, c'est-à-dire une partie tout à fait minime.

De leur côté, les partisans de l'examen préalable affirment que, s'il y a un système qui économise le travail, ce ne peut être que la *Vorprüfung.* Ils allèguent notamment qu'un brevet n'a de valeur qu'en tant qu'il n'est pas nul ; que cette nullité éventuelle doit être prise en considération chaque fois qu'on entre en contact avec un titre exclusif : concurrents, acheteurs,

licenciés, marchands, le breveté lui-même doivent faire des recherches, s'ils veulent agir prudemment, pour ne pas risquer aveuglément des poursuites correctionnelles, ou se laisser effrayer inutilement par des titres sans valeur. Très souvent il suffit de parcourir une sous-classe déterminée des spécifications américaines pour se persuader de la nullité absolue du brevet : or, même une telle recherche élémentaire exige du savoir-faire et du temps ; même cette recherche n'est faite utilement pour l'économie sociale que par le premier qui l'entreprend : tous ceux qui la répètent font du travail perdu. L'examen préalable a précisément pour but de concentrer les recherches et de couper court à un tel gaspillage de travail.

Les partisans de l'examen préalable se refusent à comprendre, quel profit que l'économie sociale peut tirer de ce fait que les recherches seront faites parallèlement par des dizaines de particuliers, et pourquoi M. Pouillet a pu dire (21) : « il faut que le public *lui-même* fasse son examen ». Ils répètent avec Klostermann (22) : « *Quiconque* voudra acheter soit le brevet entier, soit l'autorisation de l'exploiter (23), devra faire l'examen préalable lui-même, — donc... ».

Voilà encore un de ces arguments qui ne prouvent rien. Au lieu de dire que, sous certains rapports, le travail est économisé par l'examen préalable, et que, sous d'autres rapports, il est économisé par le système français, on généralise les détails et on se condamne à la stérilité.

*
* *

Le système français permet de reléguer l'examen jusqu'à un moment où l'on peut le faire en pleine connaissance de cause. — Cet argument a été longtemps un des

---

(18) C. Pieper, *Sind die Industrie-Gesetze verbessert ?* Berlin, 1891, p. 49.
(19) *Ibidem*, p. 48.
(20) *Comptes rendus* du Congrès de 1878, annexe 21, p. 532, et séance du 9 septembre 1878, p. 187.

(21) *Ibidem*, séance du 10 sept. 1878, p. 205.
(22) *Ibidem*, séance du 9 septembre 1878, p. 188.
(23) D'autres ajoutent : « Quiconque est commerçant de cette branche, concurrent au breveté, etc. »

meilleurs chevaux de bataille des adversaires de l'examen préalable. « Les tribunaux eux-mêmes ont reconnu que le meilleur *critérium* pour juger de la réalité du résultat industriel obtenu par une invention et de sa nouveauté, c'est la manière dont cette invention est accueillie par l'industrie... Les examinateurs sont privés du critérium de la pratique elle-même (24). »

Cette opinion a trouvé son écho même en Allemagne. Lors de la grande enquête de 1886 (25), un des partisans du non-examen préalable, M. Klüppel, a longuement et habilement soutenu que l'examen *postérieur* se fait nécessairement à un point plus élevé, *von einem hœheren Standpunkt aus* (26) ; il a notamment fait observer qu'un procès ne peut avoir lieu qu'à un moment où l'invention est déjà « entrée dans l'existence », où l'on peut mieux se rendre compte de son effet et, par conséquent, mieux l'apprécier ; que l'examen préalable est condamné, par son essence même à s'appliquer aux inventions telles qu'elles se présentent sur le papier.

Nous pouvons citer enfin, dans le même sens, une appréciation de l'examen préalable conçue en une forme tellement « énergique », qu'elle risque de produire un effet opposé à celui qu'elle vise : « Ce jugement anticipé porté sur un projet informe, sur une œuvre incomplète, souvent mal présentée, ne peut avoir aucun caractère sérieux (27). »

Or, il paraît que le même argument est actuellement très en vogue, chez les partisans de l'examen préalable. Ils affirment qu'aucun autre système ne permet de faire l'examen à une époque aussi *appropriée*, et aussi *favorable* à une appréciation exacte de l'invention. Chaque invention, disent-ils, est un progrès réalisé par rapport à un certain état de choses ; la valeur de l'invention est équivalente à la grandeur de ce progrès, à la grandeur de ce saut dans l'inconnu ; donc, pour apprécier l'invention, il faut d'abord être exactement renseigné sur l'état de choses, existant au moment où l'invention a été faite (28). « Lors de l'examen de la nouveauté (Patent-fæhigkeit) d'une invention, dit un jugement du *Patentamt* allemand (29), il faut se placer au moment du dépôt ; l'appréciation du progrès réalisé par l'invention, et de la quantité de travail créateur qu'il a fallu déployer pour la mener à terme, doit se baser non pas sur la somme des connaissances techniques qui existent au moment du jugement (et qui peut être lui-même le produit de l'invention), mais au contraire, sur le niveau de ce qu'on savait et ce qu'on pouvait faire au moment du dépôt ».

Il n'est pas difficile de prévoir quelles conséquences peuvent être tirées de telles prémisses. M. Robolski l'a fait avec beaucoup de talent (30) : « Après un certain laps de temps, l'invention ne devient pas plus transparente et plus claire ; au contraire, elle s'efface, elle perd ses contours accusés, et apparaît moins importante qu'elle ne l'était en réalité. Dès qu'il devient nécessaire d'évoquer à nouveau l'impression que l'invention avait produite au moment du dépôt..., on se heurte à la difficulté qu'il y a à redescendre à

---

(24) Lyon-Caen et Alb. Cahen, *De la législation sur les brevets d'invention et des modifications à introduire*, etc. Paris, 1879, p. 17 (?).

(25) *Stenographische Berichte uber die Verhandlungen der Enquete in Betreff der Revision des Patentgesetzes*, Berlin, 1887, 4°.

(26) *Ibidem*, p. 123. — Cp. en Angleterre (Carpmael) : « As this proposed examination is to take place before the invention has been practically tested in the workshop or in actual industrial use, the decision must necessarily be arrived at upon very insufficient date. » *Transactions Inst. Patent Agents*, XI, 190.

(27) C.-J. Duméry, *Examen de la loi sur les brevets d'invention*. Paris, 1858, p. 59.

(28) Robinson, cet oracle de la science américaine sur les brevets, donne, par exemple, la règle suivante pour apprécier la nouveauté des inventions : « all inventions must be studied in the light afforded by the state of the art, to which they belong, at the time the invention was made. » *The law of Patents*, etc. Boston, 1890, vol. I, p. 135, rem. 2.

(29) Décision du 11 octobre 1888 ; Gareis, *Die patentamtlichen und gerichtlichen Entscheidungen*, etc., vol. VII, p. 26.

(30) Robolski, *Theorie und Praxis*, etc. Berlin, 1890, p. 67.

l'ancien niveau de la technique ; cette opération est presque impraticable dans certaines branches de l'industrie où les inventions s'accumulent très vite les unes sur les autres... Très souvent on ne peut obtenir de l'expert qu'il fasse abstraction de ce qu'il sait et ce qu'il comprend actuellement, et qu'il se fasse un état d'esprit artificiel avec des connaissances rétrécies. »

Ainsi, dans une affaire jugée par le *Reichsgericht* allemand, les experts ont donné deux avis diamétralement opposés sur la question de savoir si la description était suffisamment claire pour quiconque ne connaîtrait pas un secret de fabrique divulgué postérieurement au dépôt (31).

C'est encore là un exemple d'argument inutile : chaque opinion étant juste pour une certaine classe d'inventions, elles deviennent toutes deux inexactes dès qu'on les généralise outre mesure, pour en faire des arguments en faveur de choses qu'elles ne peuvent démontrer. On assiste simplement à un tournoi oratoire, dans lequel les mêmes avantages sont invoqués par les camps apposés, sans utilité aucune pour l'éclaircissement de la cause.

III

Nous pouvons passer maintenant à la seconde classe des arguments inutiles, c'est-à-dire à ceux qui le sont devenus grâce à l'évolution des idées sur l'examen préalable.

Tout examen préalable doit consister en deux opérations distinctes. Pour examiner une invention, il faut, en premier lieu, rassembler les antériorités, trouver les matériaux sur lesquels se basera la décision ; il faut, en second lieu, comparer la demande déposée avec ces antériorités et se prononcer sur la question capitale de savoir si l'invention se distingue assez de ces antériorités, ou, comme on dit ordinairement, si elle est nouvelle.

Chacune de ces deux opérations, indispensables dans tout système d'examen préalable, prête à de graves critiques. D'abord, il n'est jamais possible de trouver *toutes* les antériorités ; chaque commission d'examen est nécessairement condamnée à travailler avec des matériaux très incomplets ; aucune ne peut garantir que l'invention est réellement nouvelle.

Cette objection est une de celles qu'on adresse le plus souvent au système de l'examen préalable. Elle est très sérieuse. « Personne au monde, — dit M. Imray (32), — quelque sage, quelque expérimenté et quelque instruit qu'il soit, n'est capable de décider si une chose est nouvelle ou non. »

On sent immédiatement le bien fondé de cette thèse. Même dans les pays, comme l'Allemagne, où la notion de la non-nouveauté a été réduite par les lois de 1877 et 1891 à des limites aussi restreintes que possible, la tâche des examinateurs prend des proportions énormes. Il suffit de se rappeler qu'aux États-Unis seuls, le nombre des spécifications publiées chaque année dépasse vingt mille ; l'Allemagne a atteint, en vingt ans, le chiffre énorme de cent mille descriptions ; en France, on délivre environ 10.000 brevets par an ; dans le monde entier, au moins quatre-vingt seize mille. On conçoit aisément quel travail incomberait à une commission uniquement chargée de prendre en considération les spécifications antérieures ; or, cette tâche n'est qu'une partie de celle qu'on impose à un *Patentamt* : traités scientifiques, mémoires des sociétés savantes, journaux techniques, même la presse quotidienne et les faits qui se passent ouvertement dans les usines et fabriques (33), *tout*, tout sans

---

(31) Arrêt du 8 juillet 1880 ; Gareis, *Patentamtliche*, etc., vol. II, p. 90-92.

(32) *Transactions of the Institute of Patent Agents*, X, p. 120. Cp. Schreyer au Congrès de juristes à Berne 1878 : « la mission donnée à

l'office dépasse le plus souvent les limites de l'intelligence et de la perspicacité humaine. » Cité chez Simon, *Der Patentschutz mit besonderer Berücksichtigung* etc. Berne, 1891, p. 71.

(33) « Comment décider qu'un fait industriel

exception doit être connu de l'examinateur.

Les partisans de l'examen préalable se sont dès longtemps aperçu de ce point faible de leur système. Plusieurs palliatifs ont été proposés pour rendre plus sûres les décisions de la commission d'examen. Le plus connu, le seul qui mérite notre attention, est *l'appel aux oppositions*.

Proposé, pour la première fois, par le *Verein der deutschen Ingenieure*, à la réunion de Brunswick, le 2 septembre 1863 (34), ce système a été adopté, en 1877, après beaucoup de vicissitudes, par le législateur allemand. On partait de cette idée, que l'exactitude de l'examen et la qualité des résultats obtenus seraient plus satisfaisantes, si toute l'industrie se sentait appelée à coopérer avec le *Patentamt* (35). « Dans l'état de choses actuel, a dit plus tard M. Euler (36), il est impossible qu'une commission sache ce qui est nouveau ; mais il est très probable, que les intéressés peuvent le dire. » « Actuellement, l'examen préalable est fait par une institution composée de très peu d'experts ; le système des oppositions appellerait à ce travail tout le monde technique (37). »

* * *

Tel est le premier inconvénient de l'examen préalable et le remède qu'on propose pour en atténuer l'effet. Les prémisses, les conclusions et le remède que nous venons d'exposer ne nous paraissent point conciliables et contiennent des *contradictions*.

Le fait positif est *l'impossibilité de garantir que toutes les antériorités aient été connues de l'examinateur*. L'examen préalable doit établir la nouveauté de l'invention brevetée ; or, il est matérielle-

ment impossible de rassembler tout ce qui est connu ; par conséquent, il se peut toujours que l'antériorité la plus intéressante échappe à la commission d'examen, et que celle-ci laisse passer comme nouvelle une invention qui ne l'est pas.

Quelles sont les conséquences que les adversaires de l'examen préalable déduisent de ce fait, scientifiquement prouvé ?

Nous protestons énergiquement — disent-ils — contre le *pouvoir de statuer définitivement sur les refus* attribué à la commission d'examen : aucune assemblée, quelque éclairée qu'elle soit, ne peut se prononcer sans erreur sur la question de la nouveauté. — Si nous écartons pour le moment toutes les autres considérations qui peuvent militer en faveur d'une telle opinion, nous voyons que la question de la nouveauté rigoureusement développée jusqu'à ses conséquences extrêmes aurait dû aboutir à un résultat tout autre que celui que nous venons de citer. En effet, la commission ne connaît pas toutes les antériorités ; donc elle ne peut ni garantir la nouveauté, ni, comme corollaire, délivrer des brevets à l'abri d'une action postérieure en nullité. Mais il est évident que la commission peut connaître *certaines* antériorités et que souvent elle *peut* établir la *non-nouveauté* de l'invention. Donc, les seules décisions de la commission qui puissent avoir une valeur quelconque, sont celles qui *refusent* la délivrance d'un brevet ; la seule question sur laquelle elle peut être appelée à se prononcer définitivement est celle du *refus*. En partant de la prémisse de la *nouveauté* il n'est pas possible d'aboutir logiquement au résultat si légèrement déduit par M. Euler.

Mais ce n'est pas tout. Il n'est pas difficile d'établir qu'il y a contradiction entre le mal et le remède.

---

est nouveau, et qu'il ne s'est pas produit dans l'enceinte d'une manufacture ou dans la retraite d'un ouvrier obscur et laborieux ? », *Moniteur officiel*, 7 juillet 1843, n° 188. Rapport Dupin, II. — Cp. F. Cotarelli, *Le privative industriali*, etc., p. LXXX.

(34) Voir art. III et IV des résolutions.

(35) « Es giebt nur eine unfehlbare Behörde, das ist die Allgemeinhiet. » Rautert, Enquête de 1876 (*Verlauf und Ergebnisse* etc.), p. 55.

(36) *Stenographische Berichte* etc. (Enquête 1887), p. 118.

(37) C. Pieper, *Sind die Industrie-Gesetze Verbessert ?* etc. p. 45.

On connaît la « bête noire » de tous les intéressés qui ont travaillé à la question des brevets pendant les années 1867 à 1877 : presque tout le monde était d'accord pour rejeter le système français, basé sur le dépôt pur et simple ; mais, en même temps, il y avait unanimité absolue pour condamner l'examen prussien. C'est comme un seul cri qui passe à travers les comptes rendus du congrès de 1873 : « l'examen, tel qu'il est pratiqué en Prusse, est insensé, insupportable. » Tout le monde s'accordait à dire : mieux vaut ne rien avoir, que d'avoir un examen aussi excessif ; tout le monde reconnaissait la nécessité de rendre l'examen plus indulgent, plus favorable aux inventeurs.

La nouvelle loi devait laisser passer un nombre d'inventions relativement beaucoup plus grand que ne le faisait le fameux *Publicandum* de l'année 1815. Or, quel est le moyen qu'on a adopté pour atteindre ce but? L'appel aux oppositions. L'ancienne commission prussienne, avec les renseignements qu'elle possédait, rejetait beaucoup trop d'inventions : pour remédier à ce mal, on a permis à chaque industriel de fournir au *Patentamt* des renseignements supplémentaires. Le but et le moyen sont ainsi en contradiction l'un avec l'autre ; on a peine à comprendre l'exposé des motifs (38) où il est dit : « *Die Vorprüfung ist mœglichst du mildern* » (l'examen doit être rendu plus favorable) et, quelques lignes plus loin : « donc, il faut l'élargir par l'appel aux oppositions (39) ».

La même contradiction réapparaît chez les auteurs plus modernes. M. Pieper, par exemple, ne se lasse pas de protester contre les rejets trop nombreux du *Patentamt* allemand ; et, pour obvier à ce mal, il propose d'appeler au travail « *tous* les spécialistes, au lieu de se contenter de quelques experts, attachés au *Patentamt* ». On est tenté de dire : « il est impossible que l'examen fondé sur les renseignements fournis par *tous* les spécialistes mène à moins de rejets que celui qui ne dispose que des lumières de *quelques* experts ; par conséquent, l'appel aux oppositions ne peut être plus favorable aux inventeurs ; car il est à supposer que M. Pieper le défend tout à fait de bonne foi, sans escompter l'inertie éventuelle des intéressés , c'est-à-dire qu'il suppose que toute opposition nécessaire ne manquera pas d'être soulevée par Jean, sinon par Pierre. »

Nous le répétons , pour quiconque examine la question d'une manière rigoureuse, il y a là une contradiction. L'intérêt propre des inventeurs doit leur conseiller de lutter contre l'appel : mieux le *Patentamt* sera renseigné, plus il y aura de rejets.

Comment s'expliquer que tous les partisans de l'examen indulgent aient toujours cherché le salut dans l'appel aux oppositions ? Quelle est la clef de cette contradiction , par quel principe non avoué, peut-être non compris, doit-on résoudre ce problème curieux ?

Nous le répétons : nous ne voulons pas supposer que nos adversaires se disent: introduisons l'appel pur et simple, et l'inertie des intéressés fera le reste pour nous faire passer insensiblement au système français qu'il est trop difficile de faire accepter ouvertement. Non ! il y a des partisans du simple appel aux oppositions qui sont sincèrement convaincus que leur système peut fonctionner normalement ; que toutes les oppositions

---

(38) Exposé des motifs de la loi allemande de 1877, p. 16.

(39) « L'unique but de l'appel aux oppositions tel qu'il est proposé dans le projet [Revidirter Entwurf], est de fournir au Patentamt les informations nécessaires et de lui faciliter ainsi la solution de la question de la nouveauté. » Kœnigs, *op. cit.*, p. 105. La même contradiction peut être observée chez Klostermann : d'un côté il propose de rendre l'examen préalable plus favorable aux inventeurs et de l'autre il exige l'appel aux oppositions, dont il a lui-même ainsi précisé le but : « faciliter au Patentamt la recherche des cas d'usage ou de publication antérieure ». *Busch's Archiv*, XXXV, p. 59. Les deux choses sont évidemment difficilement conciliables : plus on aura de facilité à trouver des antériorités, et moins on délivrera de brevets.

sérieuses qui sont actuellement soulevées par le *Patentamt* et d'autres encore seraient alors présentées par le public. Or, ils sont non moins convaincus, que ce nombre plus grand d'oppositions serait plus favorable aux inventeurs, que ne le sont les objections moins nombreuses des examinateurs officiels. Comment doit-on comprendre cette contradiction ?

Nous avons constaté le fait ; si nous voulions l'expliquer à cet endroit même, il nous faudrait empiéter sur nos développements ultérieurs.

IV

La seconde opération, celle qui consiste à apprécier par comparaison l'invention déposée avec les antériorités, est certainement fort délicate : entre une chose qui n'est point nouvelle et celle qui l'est dans une certaine mesure la distinction est déjà très difficile à faire ; or, toute chose nouvelle n'est point par cela même brevetable ; il existe un grand nombre d'objets qui sont nouveaux, sans posséder ce petit rien, qui seul les élève au rang des inventions. Il faut donc que la personne, appelée à dire si l'objet possède la nouveauté *brevetable*, jouisse de la plus grande confiance des intéressés. Or, qui est chargé de se prononcer sur cette question dans les systèmes d'examen préalable ? — Ce n'est point un juge, mais l'administration !

On voit de suite ce qu'un pareil système a d'anormal. On peut être en *désaccord* avec ceux qui professent la doctrine anti-juridique de la propriété indus-

trielle ; mais il semble qu'actuellement tout le monde est unanime à reconnaître que l'inventeur a un droit (*Anspruch*) au brevet. On pourrait même affirmer, que la plupart des partisans de la propriété industrielle ne défendent dans leur doctrine que cette idée de droit ; ils supposent, notamment, qu'en dehors de leur théorie on tombe immédiatement et nécessairement dans celle du privilège, du bon plaisir.

Nous n'avons pas besoin d'approfondir ici cette controverse célèbre ; il nous suffit d'accepter ce principe que nul ne conteste plus : la protection de l'inventeur ne découle pas d'un privilège à lui octroyé par le législateur ; elle lui revient de droit, comme la rémunération revient à tous les autres travailleurs honnêtes.

Or, s'il est vrai que le brevet est un droit civil, il faut reconnaître qu'il a une existence très précaire : il suffit qu'on refuse à l'invention cette qualité indéfinissable de nouveauté suffisante pour l'anéantir complètement.

L'examen préalable, qui appelle l'administration à se prononcer sur cette question importante, est confié à des mains beaucoup trop endurcies pour un travail aussi délicat. L'administration n'est pas habituée à opérer avec de telles nuances, ses balances ne sont pas assez sensibles pour pouvoir peser des différences aussi imperceptibles (40).

On peut s'étonner que les adversaires de ce système n'emploient pas plus souvent cet argument. M. Carpmael le laisse à peine entrevoir (41) : « Examiner having

---

(40) Certains auteurs affirment que le fait d'admettre l'administration à se prononcer sur le sort d'un droit civil (brevet) est contraire au principe *de la séparation des pouvoirs*. Bailleul (1791), Dupin (1843), Exposé des motifs de la loi française de 1844, *Moniteur officiel*, 63, Picard et Olin, *Traité*, n° 358.

Cette thèse ne peut être acceptée qu'avec beaucoup de réserves. Dans chaque Etat moderne, en Belgique probablement comme ailleurs, il y a des cas, où des litiges civils ou quasi-civils sont résolus par des tribunaux administratifs. Le principe de la séparation des pouvoirs n'a jamais été nulle part réalisé dans toutes ses conséquences (en Angleterre

peut-être encore moins qu'ailleurs). Il est très admissible, théoriquement, de soumettre la décision de nouveauté ou de contrefaçon à des tribunaux spéciaux.

Le vœu en a été émis très souvent, même en France, où plusieurs auteurs ont proposé l'institution de tribunaux mixtes ; en Allemagne même, les adversaires de l'examen préalable accepteraient un tribunal purement administratif. A l'appui, pour la France, voir, Renouard, 44 ; — Lyon-Caen et Cahen, p. 45.

(41) Cette idée est très bien développée chez A. Kastner, dans *Drei Gutachten über die Reform des österreichischen Patentrechts*, Wien, 1882, p. 39 et ss. : « On ne peut le

the power to grant or refuse a Patent, is in a false position ; he is at once an advocate and a judge ». Les auteurs français ne le mentionnent ordinairement qu'en passant. Or il contient, ce nous semble, la clef de tous les autres inconvénients.

On pourrait, à la rigueur, accepter qu'un tribunal administratif fût chargé de prononcer sur la délivrance des brevets ; mais il faudrait que ce fût vraiment un tribunal. Or le *Patentamt* allemand ne remplit pas cette condition ; le législateur a fait tous les efforts imaginables pour y aboutir : il a appelé des juristes aux fonctions de membres de section, il a consacré, dans une certaine mesure, le principe des débats oraux etc. Mais cela n'a servi de rien. Le *Patentamt* n'est pas un tribunal, et il ne le deviendra pas tant que ses membres seront à la fois juges et parties, comme ils le sont à présent. Sur cette question il n'y a pas de transaction possible. Il suffit d'assister à une séance de la *Beschwerde-Abtheilung* (section des recours) allemande pour voir quels innombrables inconvénients entraîne cet oubli du principe sur lequel se fonde toute la justice contemporaine.

Un agent de brevet, chargé de motiver oralement un appel contre le refus de délivrer un brevet, me disait le jour même de la séance : « je serais bien heureux si les membres de la section voulaient entamer avec moi un petit débat ; autrement, on ne sait jamais ce qu'ils pensent et ce qu'ils opposent à la brevetabilité. » Un homme ne peut se dédoubler moralement ; dès que la loi l'a chargé de s'opposer, dans une certaine mesure, à la délivrance du brevet, il perd nécessairement le sentiment du juste milieu, et penche immédiatement vers le rôle du procureur.

« Chez-nous, l'Etat attaque les inventeurs », disait M. Pilper. D'où vient cette anomalie ? Du moment que l'Allemagne a reconnu l'utilité de protéger les inven-

tions par des brevets, elle ne peut plus, sans se contredire, prétendre qu'elle a, comme Etat, un intérêt à diminuer le nombre des brevets. Tout brevet délivré est octroyé dans l'intérêt du public : il ne peut donc pas y avoir d'attaque de la part de l'Etat ; celui-ci doit être impartial et délivrer un brevet avec la sérénité qu'il met à distribuer des certificats d'études.

D'où vient cette passion dans l'accomplissement d'une fonction normale ? — Une seule explication est possible : en Allemagne, comme partout, le *Patentamt* était esquissé, en 1877, comme une réunion de juges impassibles. Seulement, on a oublié de leur adjoindre des procureurs, et on les a obligés de jouer eux-mêmes ce rôle incompatible et énervant. Quoi de plus naturel que le *Patentamt* soit actuellement un procureur sans juge ?

Ainsi l'examen préalable ne se borne pas à abandonner à l'administration la décision d'une des questions les plus fondamentales, il oblige encore cette dernière à jouer simultanément dans la même affaire deux rôles incompatibles : ceux du juge et du procureur.

V

Nous venons d'exposer les deux grandes objections contre l'examen préalable : jugement attribué à l'administration, impossibilité de garantir le résultat de l'examen. Il nous reste à prouver que ces deux arguments se rapportent exclusivement à l'examen préalable du commencement de ce siècle, et que ni l'un, ni l'autre n'ont absolument rien à faire avec le système moderne, proposé par certains auteurs allemands sous le même nom de *Vorprüfung*. Il suffira de quelques mots pour esquisser l'évolution des idées dans ce domaine.

Il n'y a pas encore longtemps, le brevet était, dans la plupart des Etats de l'Europe, une récompense, un stimulant accordé à celui qui faisait progresser l'industrie. On accordait une exemption d'impôt à un marchand entreprenant, une permission de travailler en dehors

---

nier : la réunion des deux systèmes rend encore moins probable la délivrance de brevets pour des inventions non nouvelles », p. 41.

des maîtrises à un industriel de talent, un droit exclusif de fabrication à un inventeur ; on favorisait ainsi le développement des métiers par des faveurs spéciales octroyées à ceux qui les méritaient. Il ne suffisait donc point d'avoir travaillé, d'avoir inventé quelque chose de nouveau : il fallait, de plus, avoir fait son invention dans une certaine direction, notamment dans celle qui était patronnée par le gouvernement ; autrement, ce dernier avait le droit de dire à l'inventeur : ton œuvre est peut-être très ingénieuse, mais elle ne me convient pas ; je ne vois pas de nécessité de la protéger spécialement ; elle va à l'encontre des buts que je poursuis dans l'économie sociale ; vas, retourne à ton métier, et tâche de trouver quelque chose de plus conforme à mes vues ; sinon, tu n'auras pas de brevet.

Ainsi, sous Marie-Thérèse, on refusait un brevet, parce que son exploitation aurait pu être nuisible au développement des forêts : elle aurait exigé trop de combustible. En Angleterre, dans ce pays de non-examen par excellence, Sir Edwards Coke prétendait dans ses *Institutes* (42) qu'on ne doit pas délivrer de brevet pour une invention propre à diminuer le nombre des bras occupés dans un certain métier ; il ne concevait pas que le gouvernement pût récompenser un inventeur dont le seul mérite serait de ruiner des milliers de confrères. Même un auteur de ce siècle affirme (43) que l'examinateur doit en premier lieu se poser la question, *an populus commoda percepturus sit ex nova inventione.*

Deux conséquences découlent nécessairement de cette doctrine de faveur, d'encouragement. En premier lieu : l'examen doit être fait par l'administration, car c'est elle qui est appelée à favoriser le développement des métiers, car personne d'autre dans l'Etat ne connaît aussi bien les besoins de l'industrie. C'est la police qui veille, qui récompense,

qui encourage ; c'est elle seule qui peut se prononcer sur la question de savoir s'il est opportun de délivrer tel ou tel brevet. En second lieu : le but de l'examen est d'établir l'influence qu'exercera éventuellement la nouvelle invention sur le développement de l'industrie, et le mérite qui peut être attribué à l'inventeur (=nouveauté ; il ne rend, en effet, aucun service à l'Etat en inventant quelque chose de connu). Il faut, de plus, que l'examen établisse la nouveauté *absolue* de l'invention ; autrement l'Etat pourrait se rendre presque ridicule en délivrant des récompenses pour des choses universellement connues.

La théorie de la faveur est actuellement renversée ; on a oublié, cependant, de reléguer avec elle dans le musée des curiosités juridiques les conséquences qui ne découlaient que du brevet-récompense, et qui n'ont aucune raison d'être à notre époque. On peut dire sans aucune hésitation qu'en acceptant la théorie du brevet-droit, il est possible d'organiser un examen préalable dans lequel il n'y aura ni décision prononcée par l'administration, ni nécessité d'établir la nouveauté absolue de l'invention. On aura alors un système qui évitera les deux grands inconvénients esquissés plus haut, et qui, chose singulière, présentera un moyen de transaction.

La loi française peut être considérée comme le meilleur exemple du système hostile à l'examen. Et cependant, une concession minime suffirait pour y introduire tout ce que cherchent les partisans de la *Vorprüfung* moderne. On sait que l'article 11 de la loi française de 1844 prescrit de délivrer des brevets « sans examen préalable, aux risques et périls des demandeurs ». L'article 34 de la même loi donne le correctif nécessaire à ce système : « L'action en nullité et l'action en déchéance pourront être exercées par toute personne y ayant intérêt. Ces actions seront portées devant les tribunaux ci-

---

(42) Cité dans le *Bull. du syndicat des ingénieurs et conseils*, etc., XVII, p. 180.

(43) Van Delden, *loc. cit.*, p. 59.

vils de première instance. » Donc, en supposant que N demande un brevet pour une plume d'oie, on arrive à ce résultat surprenant : son concurrent A a un intérêt à intenter une action en nullité.; il s'adresse à un tribunal. On lui répond : « Attendez que le brevet soit délivré; une action en nullité ne peut être. intentée avant que le ministre ait signé le document. » S'il demande des raisons, on lui dira : « la loi française repose sur le non-examen préalable. »

On peut être partisan de n'importe quel système ; mais, tout le monde conviendra que, du moins dans ce cas, il est difficile d'expliquer, quel dommage il y aurait à permettre d'intenter une action en nullité *avant* l'apposition de la signature ministérielle. Or, il suffit de permettre une telle action en nullité préventive pour passer insensiblement au système de l'appel aux oppositions. Il y a plus : la même concession minime, combinée avec le second alinéa de l'article 37 de la loi de 1844, introduirait en France le véritable examen préalable !

En effet, d'après cet alinéa, le ministère public « pourra se pourvoir directement par action principale pour faire prononcer la nullité, dans les cas prévus etc. » (= Combinaisons de finances, produit pharmaceutique, invention contraire à l'ordre public et aux bonnes mœurs, titre frauduleusement inexact). Le projet de 1858 permettait au ministère public d'intenter une action en nullité dans tous les cas prévus par la loi (44).

Or, l'examen préalable moderne, par lequel certains auteurs proposent de remplacer, en Allemagne, l'examen actuel, n'est rien d'autre qu'une *action en nullité intentée par le ministère public ou les intéressés avant la délivrance du brevet.* Ou bien, pour parler plus exactement, on propose l'institution d'un ministère public spécial dans la personne des experts du *Patentamt.* L'expérience a

démontré, même en France, que les procureurs ordinaires n'ont ni assez de loisir, ni assez de connaissances techniques pour s'intéresser à la question des brevets; l'alinéa 2 de l'article 37 est toujours resté lettre morte.

Dans ce cas, l'examen préalable prendrait la forme suivante. Le brevet est délivré sans examen ; mais il est permis d'intenter une action en nullité *avant* la délivrance définitive, et l'affaire est alors jugée par les tribunaux ordinaires. Le déposant succombe-t-il, le brevet est refusé ; gagne-t-il, le brevet est délivré avec force de chose jugée à l'égard de l'opposant. De plus, l'Etat a le même droit de soulever des oppositions que les particuliers ; dans ce cas, l'affaire est aussi déférée aux tribunaux ordinaires, et le rôle de demandeur incombe à l'examinateur officiel, faisant fonction de ministère public. Une analogie se présente ici d'elle-même. Le rîte de canonisation catholique connaissait l'*advocatus diaboli* : un docteur était désigné pour développer les raisons contre la canonisation. On aurait la même chose pour les brevets : on n'accorderait des droits exclusifs que si l'avocat du diable n'avait pas soulevé d'opposition, ou s'il avait succombé dans sa tentative.

*
* *

Nous pouvons maintenant expliquer les contradictions relevées (45) en ce qui concerne l'appel aux oppositions. Nous avons dit que le seul moyen de justifier ce système consiste à dire : le *Patentamt* ne connaît pas toutes les antériorités ; il pourrait laisser passer des inventions non nouvelles ; — donc il faut lui garantir l'aide des intéressés, qui permettra de rendre l'examen plus rigoureux. Nous avons vu qu'on réclamait, au contraire, l'appel aux oppositions comme moyen de rendre l'examen plus indulgent. La contradiction s'explique très simplement : les partisans

---

(44) On ne voit pas pourquoi le ministère public peut demander la nullité d'un brevet pour *un plan de finances* (art. 30, 2°), mais non d'un

brevet *de principe purement scientifique* (art. 30, 3°), ce qui est, en somme, la même chose.

(45) Voir plus haut, p. 8 ss.

de l'appel proposaient instinctivement un remède qui devait aboutir à la suppression du juge-partie ; seulement, et ceci est extrêmement curieux, ils alléguaient des raisons autres : en premier lieu, celle de l'insuffisance des renseignements possédés par le *Patentamt*.

Tous ceux qui connaissent l'histoire de la loi allemande de 1877 seront d'accord pour dire que l'appel aux oppositions a été partout motivé par la question de nouveauté ; tandis que la tendance non exprimée était évidemment le désir de s'affranchir du juge-partie. On avait trop souffert de la commission prussienne, on était las du juge-procureur, et on voulait une commission qui n'eût qu'à se prononcer sur les contestations que des parties lui auraient soumises (46). Mais au lieu de scinder les fonctions de la commission, et de dire qu'il y aurait un organe indépendant pour la fonction du procureur, on a fait une volte-face incompréhensible, et l'on a dit : le rôle de procureur incombera au public seul. On arrivait ainsi au résultat suivant : une commission est obligée de délivrer des brevets pour les plumes d'oie; mais il suffit que le premier venu vienne dire que cette invention n'est pas nouvelle, pour que tout le mécanisme se mette en mouvement et que le brevet soit refusé ; sinon, la commission a mains et pieds liés. Ce système fonctionne actuellement en Hongrie (47).

Si nous insistons sur cette contradiction entre le but poursuivi et les moyens par lesquels on a cherché à l'atteindre, c'est qu'elle a eu des conséquences pratiques très désagréables. Le projet du *Patent-Schutz-Verein* (48) de 1875 introduisait l'appel combiné avec l'examen ; seu-

lement il avait soin de dire que la délivrance serait faite par un organe spécial (*Patenthof*), devant lequel le *Patentamt* aurait eu *à plaider* (comme procureur) contre la brevetabilité (§§ 13 et 15, 1º) ; le projet admettait concurremment l'appel aux oppositions, pour mieux garantir la nouveauté. Le projet de la Chancellerie de l'Empire a conservé le *Patenthof*, mais en affaiblissant singulièrement son caractère judiciaire (§ 11). Puis, comme par un truc d'escamotage, le *Patenthof* a été éliminé du projet officiel et son rôle a de nouveau été attribué au même *Patentamt*. Le but, le vrai but poursuivi par l'introduction de l'appel aux oppositions était manqué ; dorénavant il n'y avait plus aucune raison de conserver cette institution. Mais, à ce moment, l'opinion publique ne s'est pas rendu compte de la portée du changement proposé : envisageant toujours que l'appel aux oppositions se justifiait par l'aide à fournir au *Patentamt*, elle a cru que la suppression du *Patenthof*, du juge en fait de délivrance, n'empêchait pas cet appel d'atteindre son but. C'était une erreur. Le projet officiel contenait, il est vrai, l'appel aux oppositions, mais avec un correctif qui en détruisait toute la portée. Et on ne peut considérer que comme une ironie les articles 22, 2º et 24 de cet acte législatif : « Si le *Patentamt* considère que l'invention n'est pas nouvelle et que pour cette raison le brevet ne peut être accordé, il en préviendra le déposant. Si celui-ci demande néanmoins la continuation de la procédure, il sera procédé à la publication de la demande. Après l'expiration de huit semaines, le *Patentamt* prononcera sur la délivrance du brevet. »

Nous disons que c'était une ironie : il n'y

---

(46) « Ein Vertrauen in die Thätigkeit der Behörde kann nur erwartet werden, wenn die Aufgabe für den Staat dahin beschränkt wird, dass er über Kontroversen entscheide, welche im Aufgebotverfahren zwischen Patentsucher und Einspruchsberechtigten sich ausbilden. » Pieper, *Petition an den hohen Reichstag*, Berlin, 1890, p. 16.

(47) Cp. « IV. Eine Prüfung der Neuheit und

Priorität einer Erfindung wird *nur* eingeleitet, wenn Einsprüche gegen die Patentirung... erhoben werden ». Voté le 7 septembre 1863 à Brunswick. — Cp. *Zur Patentfrage*, Zwei Denkschriften nebst den Principien für ein allgemeines deutsches Patentgesetz, etc. Berlin, 1864, p. 89.

(48) *Entwurf eines Patentgesetzes*. Berlin, 1875, bei Kortkampf.

avait aucune raison de continuer la procédure tant qu'on savait que le *Patentamt* s'opposerait à la délivrance, mais qu'il aurait à soumettre ses doutes à un autre organe tout à fait indépendant. Mais octroyer le droit d'exiger la publication quand le *Patentamt* considérait la délivrance du brevet comme inadmissible — et dire qu'après la publication la question serait décidée par le même *Patentamt* était un non-sens. La commission du Reichstag a bien fait de supprimer cet alinéa 2 de l'article 22 (49). Nous croyons donc pouvoir dire que l'appel aux oppositions, tel qu'il est actuellement pratiqué en Allemagne, ne remplit pas le but principal que ses partisans poursuivaient avant 1876.

Ceci nous explique aussi pourquoi il existe tant d'adeptes de l'appel aux oppositions pur et simple, c'est-à-dire de personnes qui veulent empêcher la commission de refuser un brevet même pour une simple canne, si personne ne s'y oppose. Cela fait, au premier abord, l'effet d'une subtilité bureaucratique, mais au fond il y a une idée juste. Si l'on permet à la commission de s'opposer elle-même à la délivrance du brevet, on crée le juge-partie ; si l'on attend l'opposition, — on oblige la commission à conserver le rôle de juge. Mais quel danger y aurait-il à adjoindre à cette commission un *advocatum diaboli*, un ou plusieurs experts soulevant des oppositions dans les cas où elles ne seraient pas faites par le public ?

Un avantage immense se rattacherait à ce système : on pourrait garantir les résultats obtenus par un tel examen ; il n'aurait à résoudre que les questions semblables à celles qui sont soumises, par exemple, aux tribunaux français ; on lui demanderait si l'invention se distingue suffisamment des antériorités opposées et non pas si elle est nouvelle. Le juge aurait un problème précis à résoudre, tandis qu'à présent le *Patentamt* se prononce

sur la question insaisissable de la nouveauté absolue. Nous sommes convaincu que cette différence seule explique les rigueurs allemandes, comparées avec la bienveillance des juges français.

Un trait assez piquant peut servir ici d'illustration. Il existe dans la bibliothèque du *Patentamt* un exemplaire de la *Zeitschrift für gewerblichen Rechtschutz*, dans lequel se trouve (année III, p. 315) un article sur l'examen préalable. Cet article a été lu, à ce qu'il paraît, avec beaucoup d'intérêt par quelque fonctionnaire : on voit encore maintenant de nombreuses remarques au crayon en marge. Or, cet article contient, entre autres, le passage suivant : « Un examen préalable infaillible ne peut et ne doit être exigé de l'Etat ; on n'attend pas de lui qu'il établisse la nouveauté de l'invention. » Un énorme point d'interrogation a été mis par le lecteur inconnu à cet endroit. Ce point d'interrogation contient la clef des rigueurs du *Patentamt* : en comparant l'invention avec les antériorités connues, il est obligé d'escompter dans une certaine mesure celles qu'il ne connaît pas. De là la nécessité de se montrer sévère.

VI

Avant de terminer notre modeste étude, qui n'est qu'une introduction à l'étude comparative des deux systèmes, qu'on nous permette d'esquisser la question de savoir si, d'une manière générale, il est utile de discuter sur l'examen préalable.

Nous croyons devoir répondre affirmativement. Certes, il est très facile de faire comme le Congrès de Paris de 1889 et de dire : « il n'y aura pas d'examen préalable ». Mais nous croyons qu'en adoptant une solution aussi radicale, le congrès de Londres de 1898 se mettrait en contradiction avec l'histoire même. On ne saurait, notamment, méconnaître que l'évolution de la législation sur les brevets, telle

---

(49) L'opinion opposée a été émise par Caro au Congrès chimique de Baden-Baden en 1879 (*Chemische Industrie*, 1879, II, p. 376). Il prétend que le changement *radical* avait été opéré par la commission, qui avait supprimé

le droit d'exiger la publication de la demande dans les cas où le Patentamt serait opposé à la délivrance. Nous ne pouvons vraiment pas comprendre quel avantage aurait pu procurer à l'inventeur cette formalité inutile.